Impressum
Verlag: BABADADA GmbH, Nedderfeld 112 , 22529 Hamburg
Geschäftsführer / Verlagsleitung: Harald Hof
Druck: Books on Demand GmbH, In de Tarpen 42, 22848 Norderstedt

Imprint
Publisher: BABADADA GmbH, Nedderfeld 112 , 22529 Hamburg, Germany
Managing Director / Publishing direction: Harald Hof
Print: Books on Demand GmbH, In de Tarpen 42, 22848 Norderstedt

Szkoła

el colegio

dzielić
dividir

186/2

Tablica
el pizarrón

Sala lekcyjna
el aula

Dziedziniec szkolny
el patio de la escuela

Nauczyciel
el maestro

Papier
el papel

pisać
escribir

Pisak
la birome

Biurko
el escritorio

Linijał
la regla

Książka
el libro

Uczeń
el alumno

Plecak szkolny

la mochila

Piórnik

la caja de lápices

Ołówek

el lápiz

Temperówka

el sacapuntas

Gumka do mazania

la goma (de borrar)

Blok rysunkowy

el bloc de dibujo

Rysunek

el dibujo

Pędzel

el pincel

Pudełko z akwarelami

la caja de pinturas

Nożyce

la tijera

Klej

el pegamento

Książka do ćwiczenia

el cuaderno de ejercicios

Zadanie domowe

la tarea

Liczba

el número

dodawać

sumar

odejmować

restar

mnożyć

multiplicar

liczyć

calcular

Litera

la letra

Alfabet

el abecedario

hello

Słowo

la palabra

Tekst

el texto

czytać

leer

Kreda

la tiza

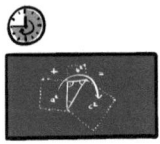

Godzina

la lección

Dziennik lekcyjny

el cuaderno de clase

Egzamin

el examen

Świadectwo

el certificado

Mundurek szkolny

el uniforme escolar

Wykształcenie

la educación

Leksykon

la enciclopedia

Uniwersytet

la universidad

Mikroskop

el microscopio

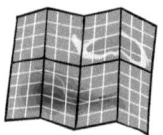

Mapa

el mapa

Kosz na odpadki

el tacho (de basura)

Podróż
el viaje

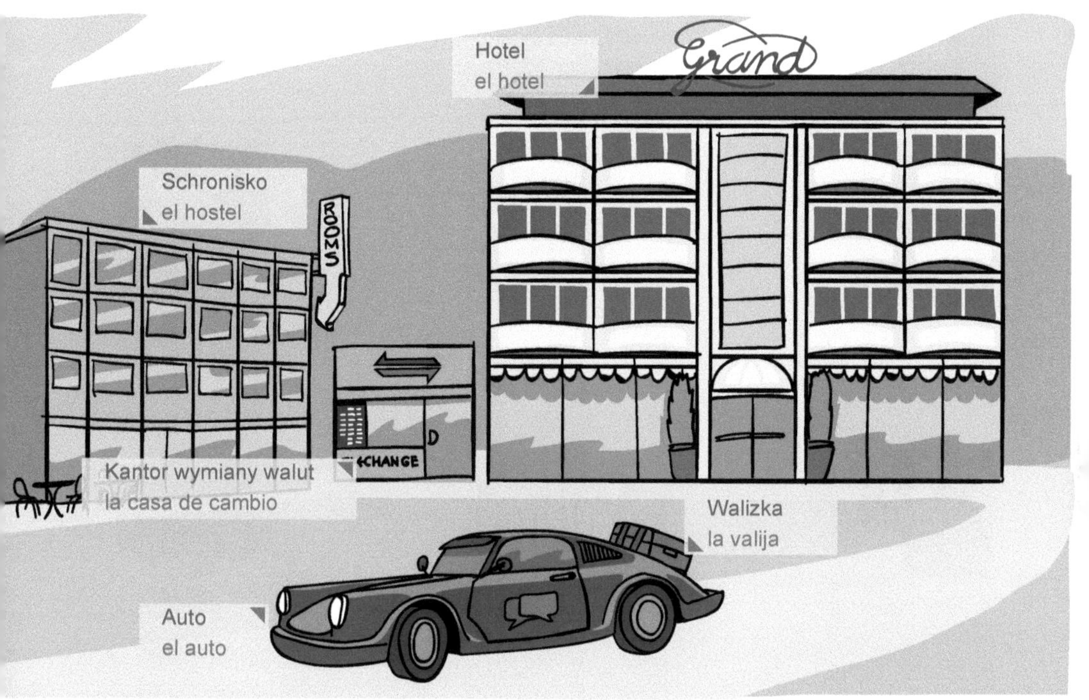
Hotel
el hotel
Grand
Schronisko
el hostel
ROOMS
Kantor wymiany walut
la casa de cambio
CHANGE
Walizka
la valija
Auto
el auto

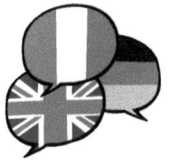

Język
el idioma

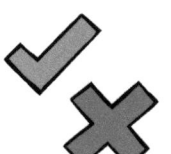

tak / nie
sí / no

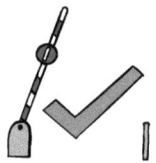

OK
Está bien

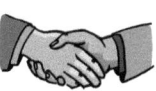

Halo
hola

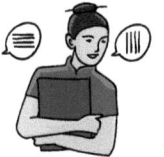

Tłumacz
el traductor

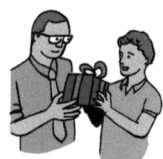

Dziękuję
Gracias

Ile kosztuje ...?

¿cuánto cuesta...?

Nie rozumiem

No entiendo

Problem

el problema

Dobry wieczór!

¡Buenas tardes!

Dzień dobry!

¡Buenos días!

Dobranoc!

¡Buenas noches!

Do widzenia

el adiós

Kierunek

la dirección

Bagaż

el equipaje

Torba

el bolso

Plecak

la mochila

Gość

el invitado

Pokój

la habitación

Śpiwór

la bolsa de dormir

Namiot

la carpa

Informacja turystyczna

la información turística

Plaża

la playa

Karta kredytowa

la tarjeta de crédito

Śniadanie

el desayuno

Obiad

el almuerzo

Kolacja

la cena

Bilet

el pasaje

Winda

el ascensor

Znaczek na list

el sello

Granica

la frontera

Cło

la aduana

Ambasada

la embajada

Wiza

la visa

Paszport

el pasaporte

Transport
el transporte

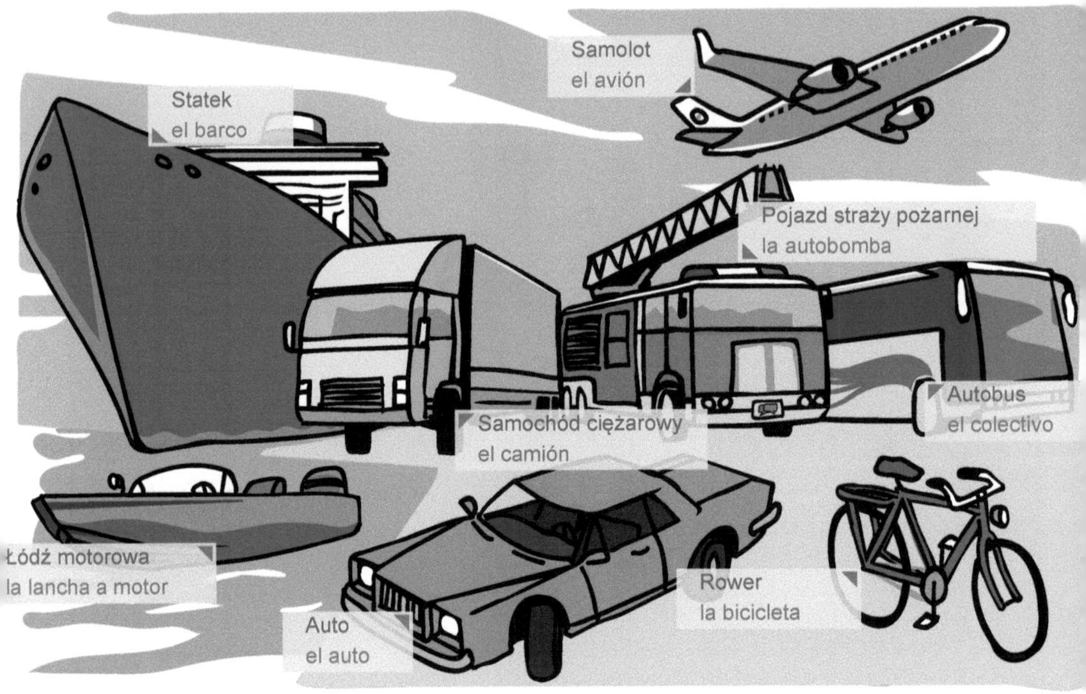
Samolot
el avión
Statek
el barco
Pojazd straży pożarnej
la autobomba
Autobus
el colectivo
Samochód ciężarowy
el camión
Łódź motorowa
la lancha a motor
Rower
la bicicleta
Auto
el auto

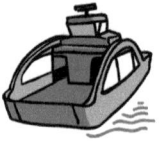

Prom

el ferry

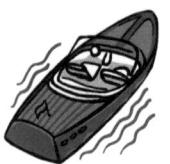

Łódź

el bote

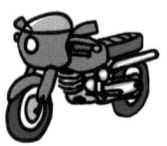

Motocykl

la moto

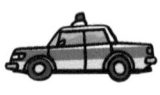

Radiowóz policyjny

el patrullero

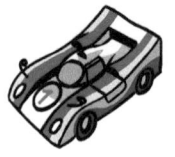

Samochód wyścigowy

el auto de carreras

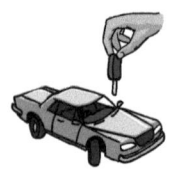

Samochód wypożyczony

el auto de alquiler

Wspólne przejazdy
samochodem
....
el alquiler de autos

Samochód pomocy
drogowej
la grúa

Śmieciarka
....
el camión de la basura

Silnik
....
el motor

Benzyna
....
la nafta

Stacja benzynowa
....
la estación de servicio

Znak drogowy
....
la señal de tránsito

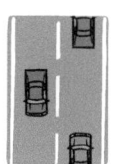

Ruch
....
el tránsito

Korek
....
el embotellamiento

Parking
....
el estacionamiento

Dworzec
....
la estación de tren

Szyny
....
las vías

Pociąg
....
el tren

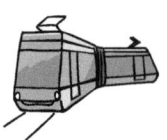

Tramwaj
....
el tranvía

Wagon
....
el vagón

Helikopter

el helicóptero

Lotnisko

el aeropuerto

Wieża

la torre

Pasażer

el pasajero

Kontener

el contenedor

Karton

la caja de cartón

Taczka

la carretilla

Kosz

la canasta

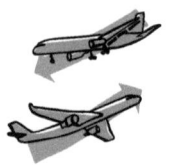

startować / lądować

despegar / aterrizar

Miasto
la ciudad

Wieś

el pueblo

Centrum miasta

el centro de la ciudad

Dom

la casa

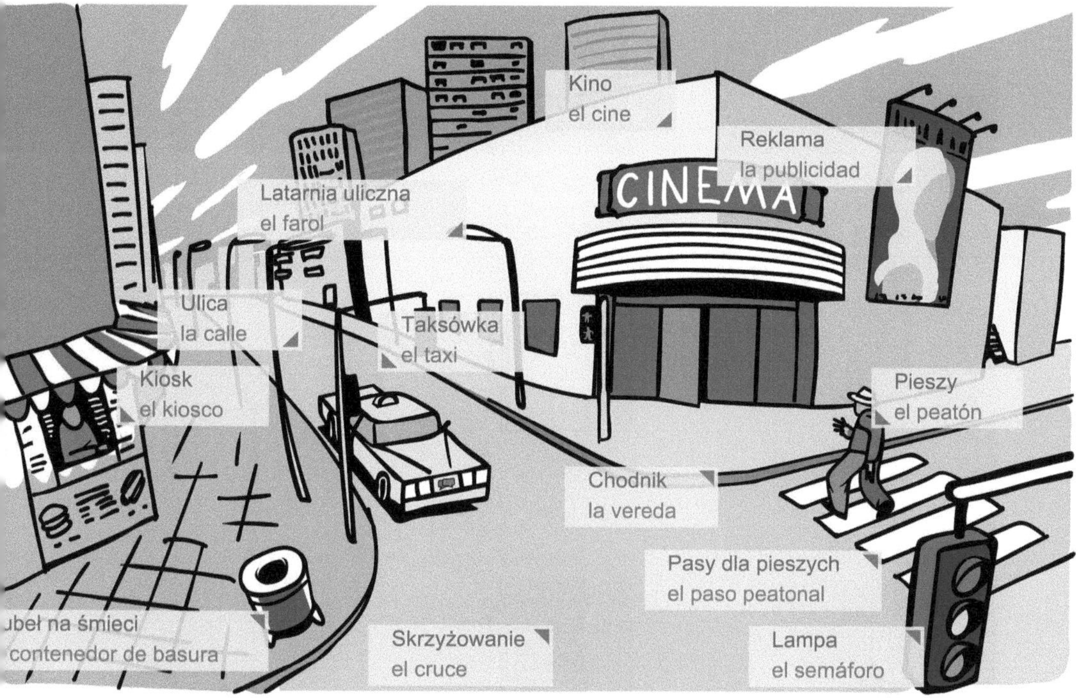
Kino
el cine
Reklama
la publicidad
CINEMA
Latarnia uliczna
el farol
Ulica
la calle
Taksówka
el taxi
Kiosk
el kiosco
Pieszy
el peatón
Chodnik
la vereda
Pasy dla pieszych
el paso peatonal
ubeł na śmieci
contenedor de basura
Skrzyżowanie
el cruce
Lampa
el semáforo

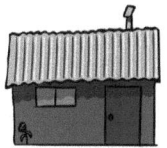

Chata

la cabaña

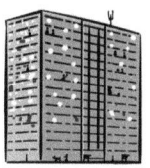

Mieszkanie

el departamento

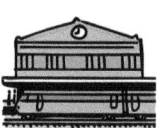

Dworzec

la estación de tren

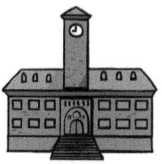

Ratusz

la municipalidad

MUSEUM

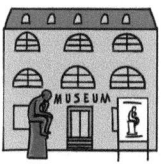

Muzeum

el museo

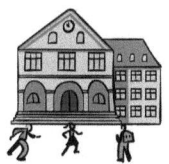

Szkoła

el colegio

Uniwersytet

la universidad

Bank

el banco

Szpital

el hospital

Hotel

el hotel

Apteka

la farmacia

Biuro

la oficina

Księgarnia

la librería

Sklep

el negocio

Kwiaciarnia

la florería

Supermarket

el supermercado

Rynek

el mercado

Dom towarowy

las grandes tiendas

Sklep z rybami

la pescadería

Centrum handlowe

el centro comercial

Port

el puerto

Park
el parque

Ławka
el banco

Most
el puente

Schody
las escaleras

Metro
el subte

Tunel
el túnel

Przystanek autobusowy
la parada del colectivo

Bar
el bar

Restauracja
el restaurante

Skrzynka na listy
el buzón

Tabliczka z nazwą ulicy
el letrero

Parkometr
el parquímetro

Zoo
el zoológico

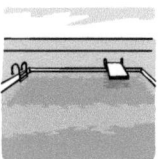

Łaźnia
la pileta

Meczet
la mezquita

Gospodarstwo chłopskie
....
la granja

Zanieczyszczenie
środowiska
....
la contaminación

Cmentarz
....
el cementerio

Kościół
....
la iglesia

Plac zabaw
....
los juegos infantiles

Świątynia
....
el templo

Krajobraz
el paisaje

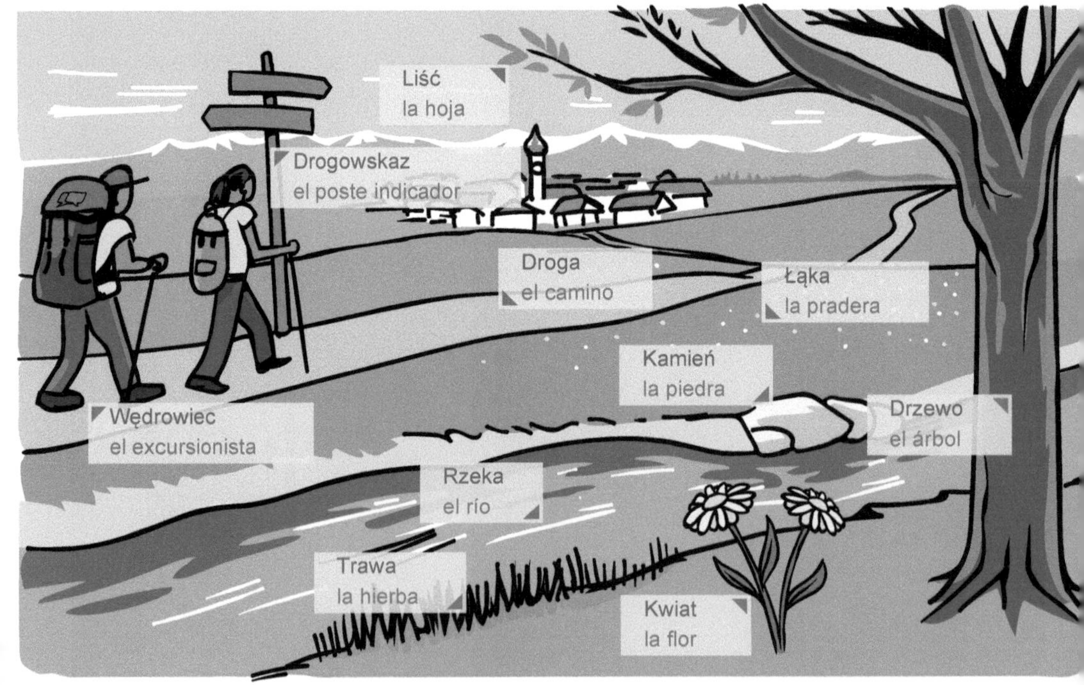

Liść
la hoja

Drogowskaz
el poste indicador

Droga
el camino

Łąka
la pradera

Kamień
la piedra

Drzewo
el árbol

Wędrowiec
el excursionista

Rzeka
el río

Trawa
la hierba

Kwiat
la flor

Dolina

el valle

Góra

la montaña

Jezioro

el lago

Las

el bosque

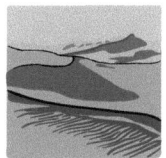

Pustynia

el desierto

Wulkan

el volcán

Zamek

el castillo

Tęcza

el arco iris

Grzyb

el champiñón

Palma

la palmera

Komar

el mosquito

Mucha

la mosca

Mrówka

la hormiga

Pszczoła

la abeja

Pająk

la araña

Chrząszcz

el escarabajo

Żaba

la rana

Wiewiórka

la ardilla

Jeż

el erizo

Zając

la liebre

Sowa

la lechuza

Ptak

el pájaro

Łabędź

el cisne

Dzik

el jabalí

Jeleń

el ciervo

Łoś

el alce

Tama

la presa

Wiatrak

el aerogenerador

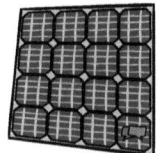

Moduł solarny

el panel solar

Klimat

el clima

Restauracja
el restaurante

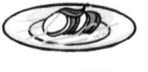

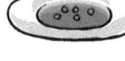

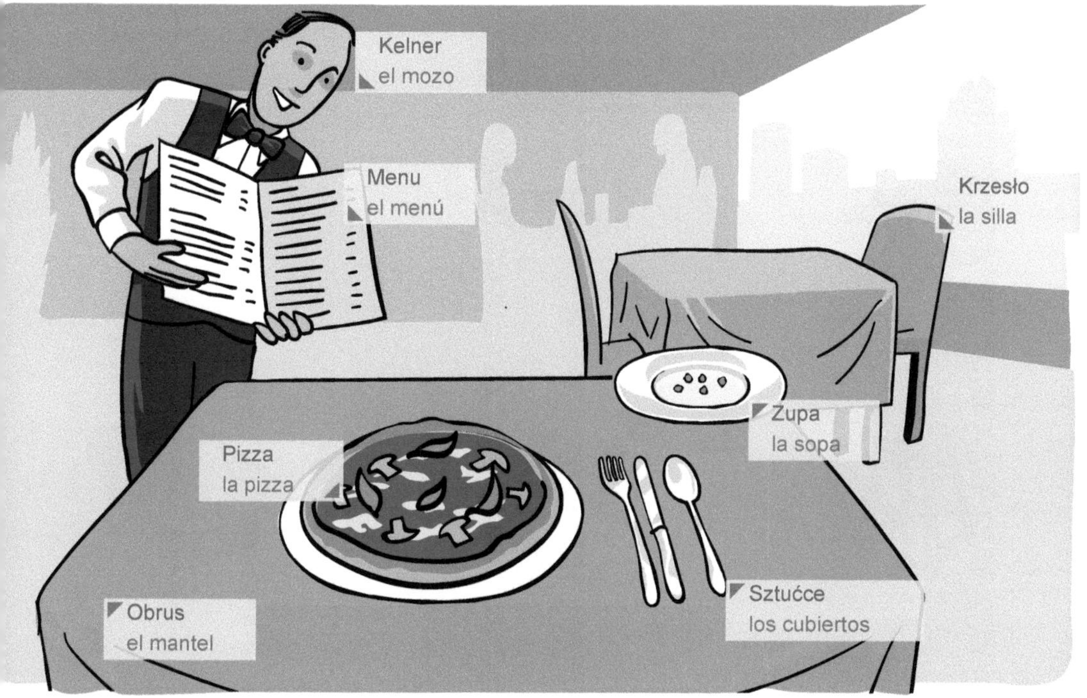
Kelner
el mozo
Menu
el menú
Krzesło
la silla
Zupa
la sopa
Pizza
la pizza
Sztućce
los cubiertos
Obrus
el mantel

Przystawka

la entrada

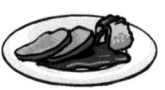

Danie główne

el plato principal

Deser

el postre

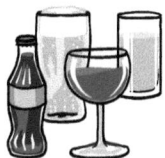

Napoje

las bebidas

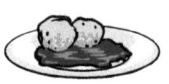

Jedzenie

la comida

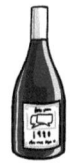

Butelka

la botella

Fastfood

la comida rápida

Streetfood

la comida callejera

Dzbanek na herbatę

la tetera

Cukierniczka

la azucarera

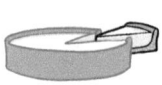

Porcja

la porción

Zaparzarka do espresso

la cafetera expreso

Krzesło dla dziecka

la sillita alta

Rachunek

la cuenta

Taca

la bandeja

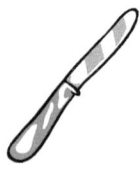

Noż

el cuchillo

Widelec

el tenedor

Łyżka

la cuchara

Łyżeczka

la cucharita

Serwetka

la servilleta

Szklanka

el vaso

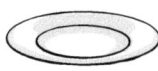

Talerz

el plato

Talerz do zupy

el plato hondo

Podstawek pod filiżankę

el plato

Sos

la salsa

Solniczka

el salero

Młynek do pieprzu

el molinillo de pimienta

Ocet

el vinagre

Olej

el aceite

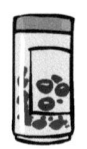

Przyprawy

las especias

Keczup

el kétchup

Musztarda

la mostaza

Majonez

la mayonesa

Supermarket

el supermercado

Oferta
la oferta especial
FOR
Klient
el cliente
Produkty mleczne
los lácteos
Owoce
la fruta
Wózek sklepowy
el changuito

BUTCHERS

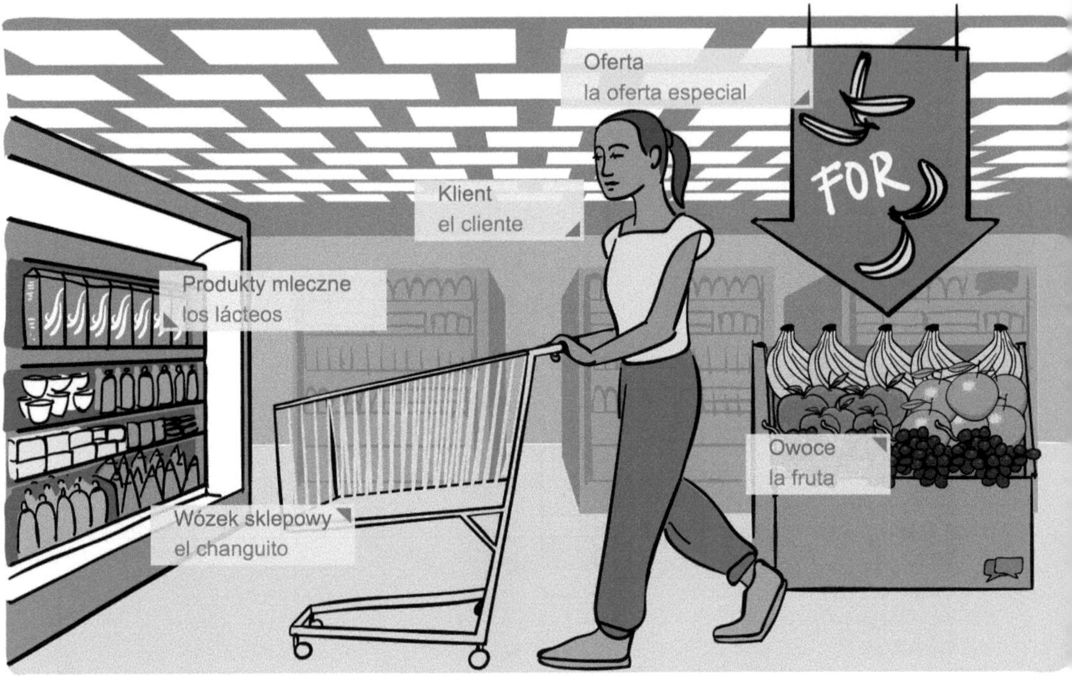

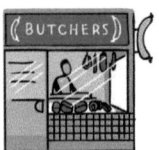

Rzeźnia

la carnicería

BAKERY

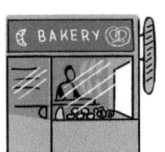

Piekarnia

la panadería

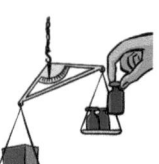

ważyć

pesar

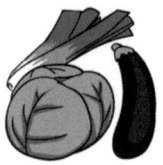

Warzywa

las verduras

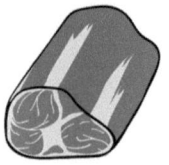

Mięso

la carne

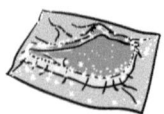

Mrożonki

los alimentos congelados

Wędliny

los fiambres

Konserwy

los alimentos enlatados

Proszek m do prania

el detergente en polvo

Słodycze

las golosinas

Artykuły użytku domowego

los electrodomésticos

Środek czyszczący

los productos de limpieza

Sprzedawczyni

la vendedora

Kasa

la caja

Kasjer

el cajero

Lista zakupów

la lista de compras

Godziny otwarcia

el horario de atención

Portfel

la billetera

Karta kredytowa

la tarjeta de crédito

Torba

la cartera

Torebka plastikowa

la bolsa de plástico

Woda

el agua

Sok

el jugo

Mleko

la leche

Cola

la bebida cola

Wino

el vino

Piwo

la cerveza

Alkohol

el alcohol

Kakao

el cacao

Herbata

el té

Kawa

el café

Espresso

el café expreso

Cappuccino

el cappuccino

Banan

la banana

Jabłko

la manzana

Pomarańcza

la naranja

Arbuz

el melón

Cytryna

el limón

Marchew

la zanahoria

Czosnek

el ajo

Bambus

el bambú

Cebula

la cebolla

Grzyb

el champiñón

Orzechy

las nueces

Makaron

los fideos

Spaghetti

los tallarines

Ryż

el arroz

Sałatka

la ensalada

Frytki

las papas fritas

Ziemniaki pieczone

las papas fritas

Pizza

la pizza

Hamburger

la hamburguesa

Kanapka

el sándwich

Sznycel

el churrasco

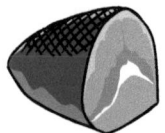

Szynka

el jamón

Salami

el salame

Kiełbasa

la salchicha

Kura

el pollo

Pieczeń

el asado

Ryba

el pescado

Płatki owsiane

los copos de avena

Musli

el muesli

Płatki kukurydziane

los copos de maíz

Mąka

la harina

Croissant

la medialuna

Bułka

el pancito

Chleb

el pan

Toast

la tostada

Ciastka

las galletitas

Masło

la manteca

Twarożek

la cuajada

Ciasto

la torta

Jajko

el huevo

Jajko sadzone

el huevo frito

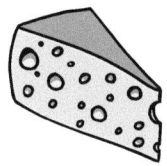

Ser

el queso

Lody

el helado

Cukier

el azúcar

Miód

la miel

Marmolada

la mermelada

Krem nugatowy

la pasta de chocolate

Curry

el curry

Gospodarstwo chłopskie
la granja

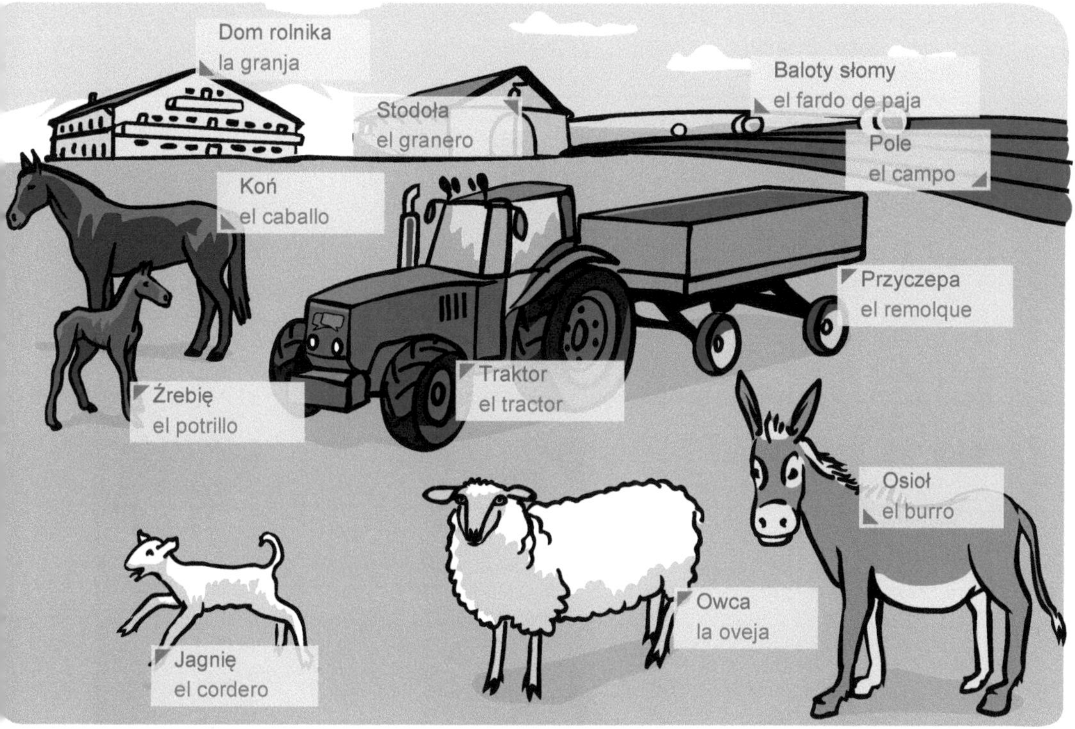
Dom rolnika
la granja
Stodoła
el granero
Baloty słomy
el fardo de paja
Pole
el campo
Koń
el caballo
Przyczepa
el remolque
Źrebię
el potrillo
Traktor
el tractor
Osioł
el burro
Owca
la oveja
Jagnię
el cordero

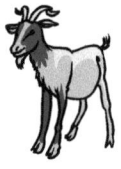

Koza

la cabra

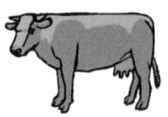

Krowa

la vaca

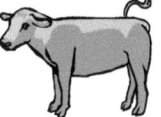

Cielę

el ternero

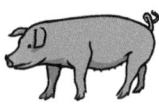

Świnia

el cerdo

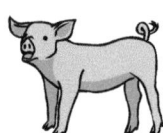

Prosię

el lechón

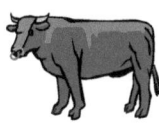

Byk

el toro

Gęś

el ganso

Kaczka

el pato

Kurczątko

el pollo

Kura

la gallina

Kogut

el gallo

Szczur

la rata

Kot

el gato

Mysz

el ratón

Osioł

el buey

Pies

el perro

Buda dla psa

la cucha

Wąż ogrodowy

la manguera

Konewka

la regadera

Kosa

la guadaña

Pług

el arado

Sierp

la hoz

Graca

la azada

Widły

la horquilla

Siekiera

el hacha

Taczka

la carretilla

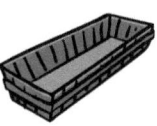

Koryto

el abrevadero

Kanka na mleko

la lechera

Worek

la bolsa

Płot

la reja

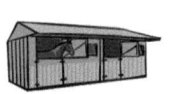

Stajnia

el establo

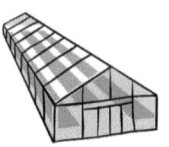

Szklarnia

el invernadero

Ziemia

el suelo

Nasiona

la semilla

Nawóz

el fertilizador

Kombajn zbożowy

la cosechadora

zbierać

cosechar

Żniwa

la cosecha

Podchrzyn

las batatas

Pszenica

el trigo

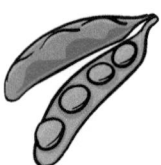

Soja

la soja

Ziemniak

la papa

Kukurydza

el maíz

Rzepak

la semilla de colza

Drzewo owocowe

el árbol frutal

Maniok

la mandioca

Zboże

los cereales

Dom
la casa

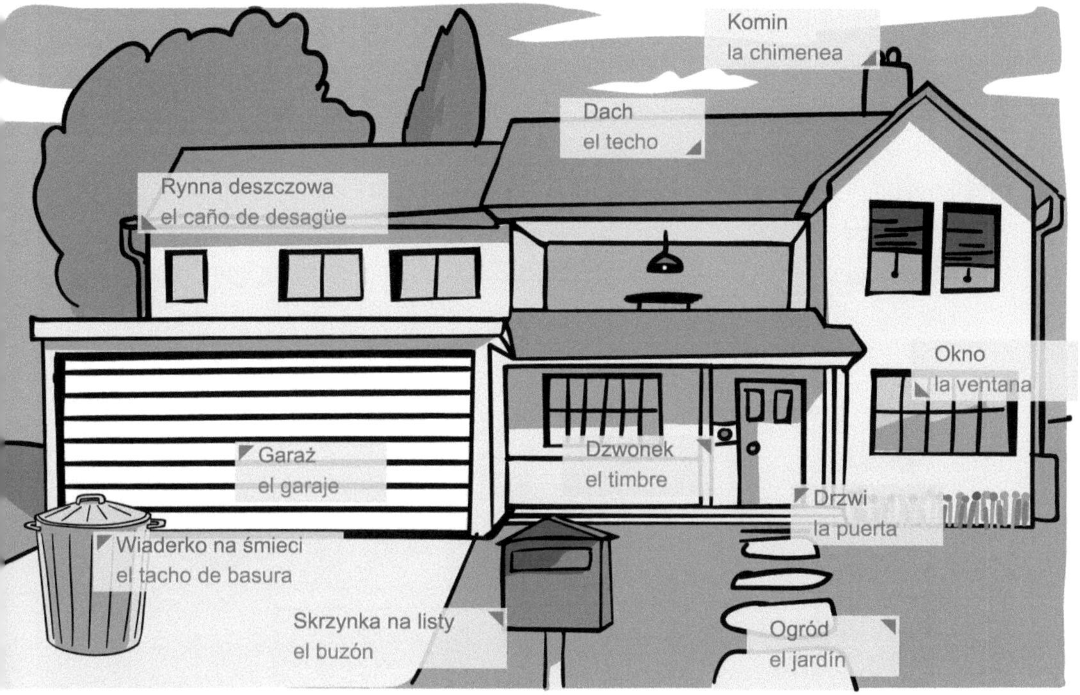

Komin
la chimenea
Dach
el techo
Rynna deszczowa
el caño de desagüe
Okno
la ventana
Garaż
el garaje
Dzwonek
el timbre
Drzwi
la puerta
Wiaderko na śmieci
el tacho de basura
Skrzynka na listy
el buzón
Ogród
el jardín

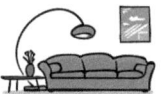

Pokój dzienny

el living

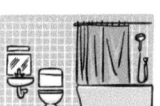

Łazienka

el baño

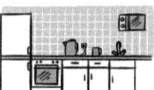

Kuchnia

la cocina

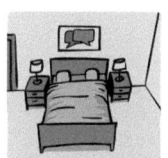

Sypialnia

el dormitorio

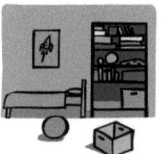

Pokój dziecięcy

el cuarto de los chicos

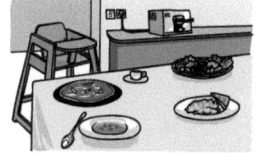

Jadalnia

el comedor

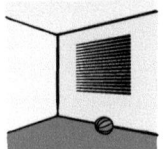	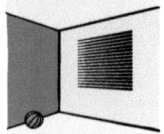	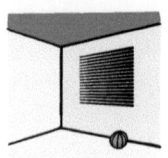
Ziemia	Ściana	Koc
el piso	la pared	el cielorraso

Piwnica	Sauna	Balkon
el sótano	el sauna	el balcón
	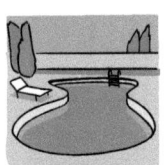	
Taras	Basen	Kosiarka do trawy
la terraza	la pileta	la cortadora de pasto
		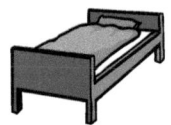
Poszwa	Kołdra	Łóżko
la sábana	el acolchado	la cama

Miotła	Wiadro	Włącznik
la escoba	el balde	el interruptor

Pokój dzienny
el living

Tapeta
el empapelado
Obraz
la imagen
Lampa
la lámpara
Regał
el estante
Szafa
el armario
Telewizor
la televisión
Komin
la chimenea
Kwiat
la flor
Poduszka
el almohadón
Kanapa
el sofá
Wazon
el florero
Pilot
el control remoto

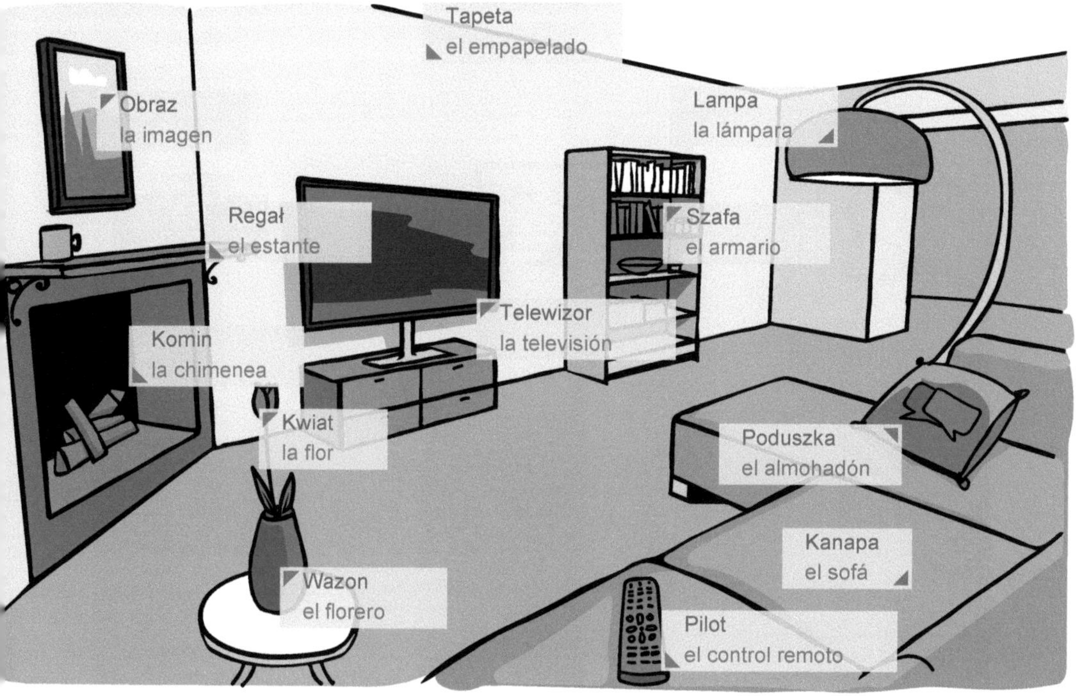

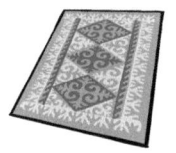

Dywan

la alfombra

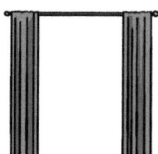

Zasłona

la cortina

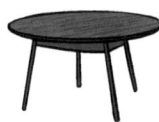

Stół

la mesa

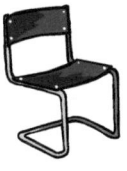

Krzesło

la silla

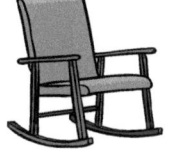

Bujak

la mecedora

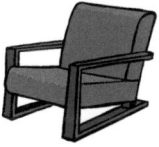

Fotel

el sillón

Książka
el libro

Sufit
la frazada

Dekoracja
la decoración

Drewno kominkowe
la leña

Film
la película

Instalacja stereo
el equipo de música

Klucz
la llave

Gazeta
el diario

Malunek
la pintura

Plakat
el póster

Radio
la radio

Notatnik
el cuaderno

Odkurzacz
la aspiradora

Kaktus
el cactus

Świeczka
la vela

Kuchnia
la cocina

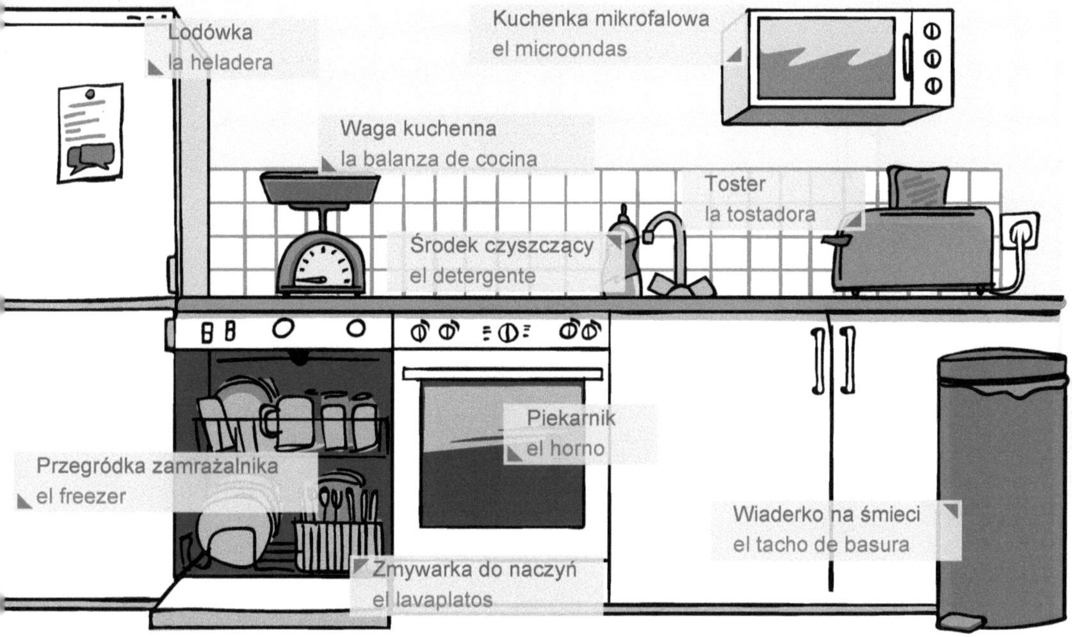

Lodówka
la heladera
Kuchenka mikrofalowa
el microondas
Waga kuchenna
la balanza de cocina
Toster
la tostadora
Środek czyszczący
el detergente
Piekarnik
el horno
Przegródka zamrażalnika
el freezer
Wiaderko na śmieci
el tacho de basura
Zmywarka do naczyń
el lavaplatos

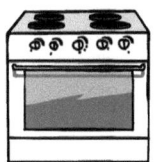

Kuchenka

la cocina

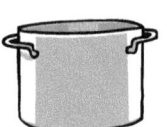

Garnek

la olla

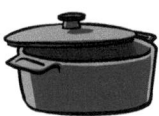

Kocioł żeliwny

la olla de hierro fundido

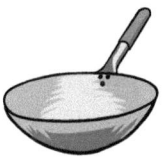

Wok / Kadai

el wok

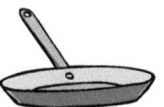

Patelnia

la sartén

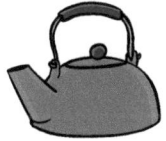

Czajnik

la pava

Parowar

la vaporera

Blacha do pieczenia

la bandeja de horno

Naczynia kuchenne

la vajilla

Kubek

la taza

Miska

el bol

Pałeczki

los palitos

Nabierka

el cucharón

Łopatka do smażenia

la espátula

Trzepaczka do śmietany

la batidora

Cedzak

el colador

Sitko

el colador

Tarka

el rallador

Moździerz

el mortero

Grillowanie

la parrilla

Palenisko

la fogata

Deska

la tabla de picar

Wałek do ciasta

el palo de amasar

Korkociąg

el sacacorchos

Puszka

la lata

Otwieracz do puszek

el abrelatas

Ściereczka do trzymania garnka

la manopla

Umywalka

la pileta

Szczotka

el cepillo

Gąbka

la esponja

Mikser

la batidora

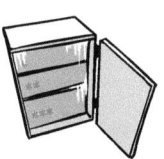

Zamrażarka

el congelador

Butelka dla niemowlęcia

la mamadera

Kran

la canilla

Łazienka

el baño

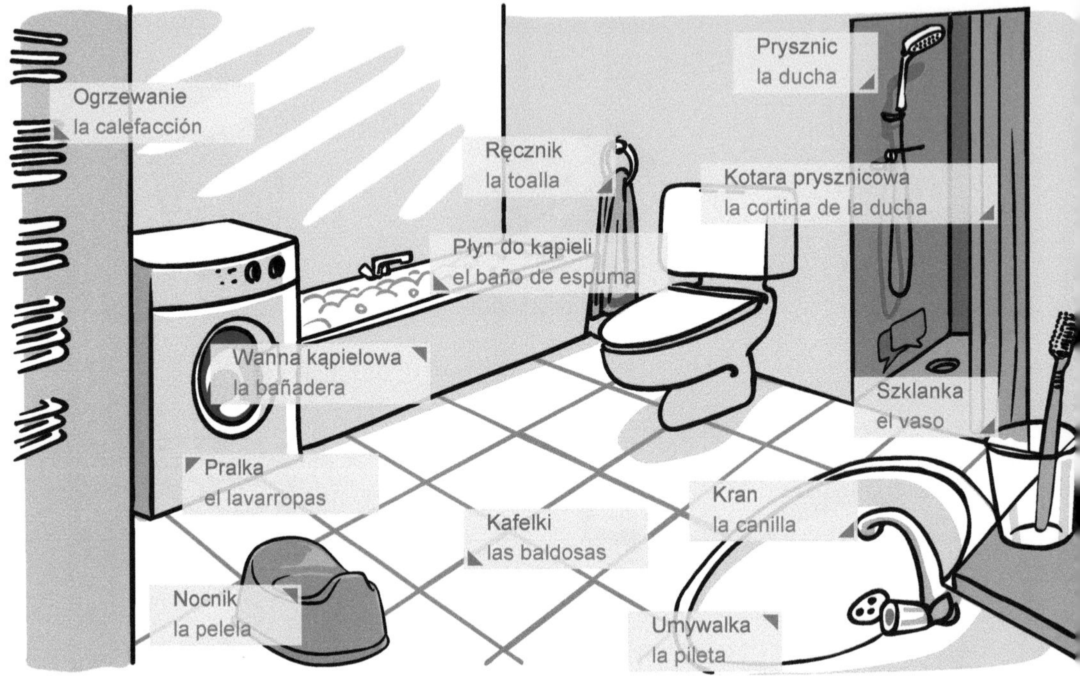

Ogrzewanie
la calefacción

Prysznic
la ducha

Ręcznik
la toalla

Kotara prysznicowa
la cortina de la ducha

Płyn do kąpieli
el baño de espuma

Wanna kąpielowa
la bañadera

Szklanka
el vaso

Pralka
el lavarropas

Kafelki
las baldosas

Kran
la canilla

Nocnik
la pelela

Umywalka
la pileta

Toaleta

el inodoro

Toaleta kuczna

la letrina

Bidet

el bidé

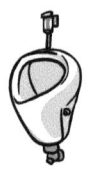

Pisuar

el mingitorio

Papier toaletowy

el papel higiénico

Szczotka toaletowa

el cepillo para el inodoro

Szczoteczka do zębów

el cepillo de dientes

Pasta do zębów

el dentífrico

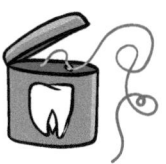

Nitki do czyszczenia zębów

el hilo dental

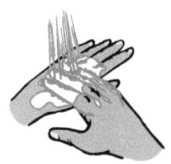

myć

lavar

Głowica prysznicowa

la ducha de mano

Płyn kąpielowy do higieny intymnej

la ducha higiénica

Miska do mycia

la palangana

Szczotka kąpielowa

el cepillo para la espalda

Mydło

el jabón

Żel prysznicowy

el gel de ducha

Szampon

el shampoo

Rękawica kąpielowa

la toallita

Odpływ

el desagüe

Krem

la crema

Dezodorant

el desodorante

Lustro

el espejo

Lustro kosmetyczne

el espejito

Golarka

la maquinita de afeitar

Pianka do golenia

la espuma de afeitar

Woda po goleniu

el aftershave

Grzebień

el peine

Szczotka

el cepillo

Suszarka do włosów

el secador de pelo

Spray do włosów

el spray

Makijaż

el maquillaje

Pomadka

el lápiz de labios

Lakier do paznokci

el esmalte para uñas

Wata

el algodón

Nożyczki do paznokci

la tijera para uñas

Perfum

el perfume

Kosmetyczka

el portacosméticos

Taboret

la banqueta

Waga

la balanza

Szlafrok kąpielowy

la bata

Rękawice gumowe

los guantes de goma

Tampon

el tampón

Podpaska damska

la toallita femenina

Toaleta chemiczna

el baño químico

Pokój dziecięcy
el cuarto de los chicos

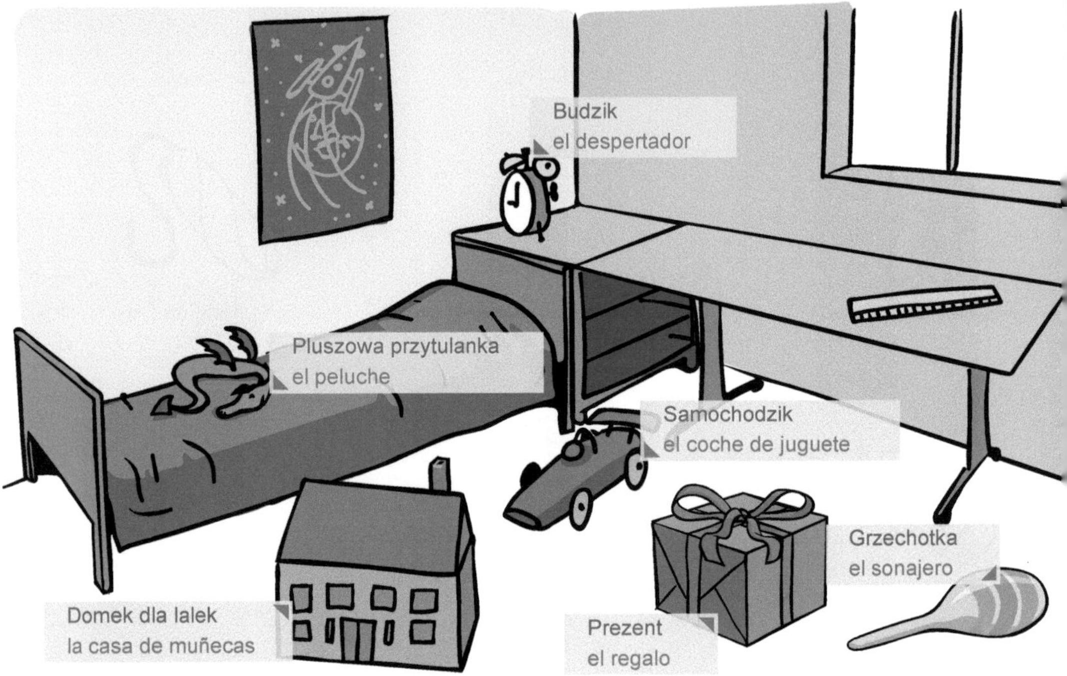

Budzik
el despertador
Pluszowa przytulanka
el peluche
Samochodzik
el coche de juguete
Grzechotka
el sonajero
Domek dla lalek
la casa de muñecas
Prezent
el regalo

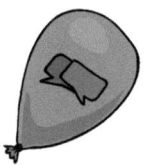

Balon

el globo

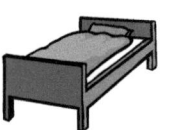

Łóżko

la cama

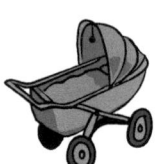

Wózek dziecięcy

el cochecito

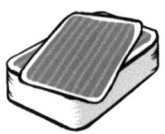

Gra w karty

las cartas

Puzzle

el rompecabezas

SUPER
MEGA

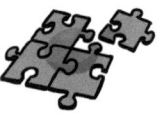

Komiks

la historieta

Klocki lego

las piezas de lego

Klocki

los ladrillos de juguete

Action figura

la figura de acción

Śpioszek dziecięcy

el enterito (de bebé)

Frisbee

el frisbee

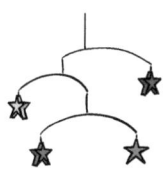

Zabawki ruchome

el móvil para bebés

Gra planszowa

el juego de mesa

Kości

los dados

Kolejka elektryczna

el tren eléctrico

Smoczek

el chupete

Przyjęcie

la fiesta

Książka z ilustracjami

el libro de cuentos ilustrado

Piłka

la pelota

Lalka

la muñeca

bawić się

jugar

Piaskownica

el arenero

Huśtawka

la hamaca

Zabawki

los juguetes

Konsola do gier

la consola de videojuegos

Rowerek trójkołowy

el triciclo

Pluszowy miś

el osito de peluche

Szafa ubraniowa

el armario

Ubiór

la ropa

Skarpety

las medias

Pończochy

las medias panty

Rajstopy

las calzas

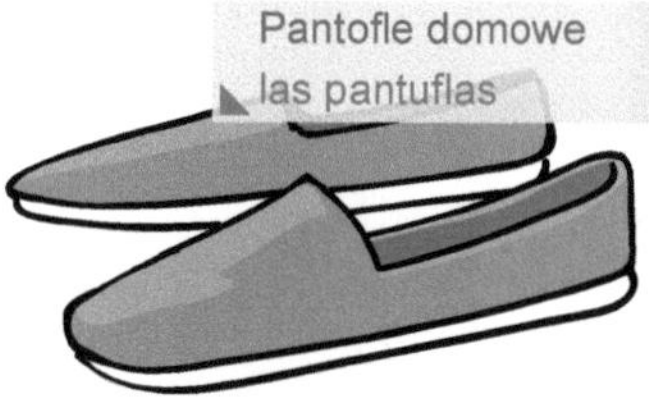

Szal
la bufanda

Parasol
el paraguas

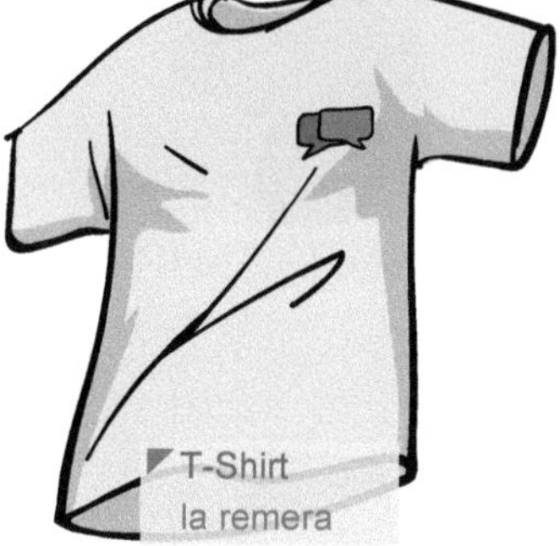

T-Shirt
la remera

Pasek
el cinturón

Kozaki
las botas

Pantofle domowe
las pantuflas

Obuwie sportowe
las zapatillas

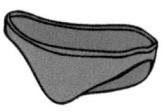

Sandały
....
las sandalias

Buty
....
los zapatos

Kalosze
....
las botas de goma

Majtki
....
la ropa interior

Biustonosz
....
el corpiño

Podkoszulek
....
el chaleco

Body

el body

Spodnie

los pantalones

Dżins

los jeans

Spódnica

la pollera

Bluzka

la blusa

Koszula

la camisa

Pulower

el pulóver

Bluza sportowa

el buzo

Marynarka

el blazer

Kurtka

la campera

Płaszcz

el tapado

Płaszcz przeciwdeszczowy

el piloto

Kostium

el traje

Sukienka

el vestido

Suknia ślubna

el vestido de novia

Garnitur męski

el traje

Koszula nocna

el camisón

Piżama

el pijama

Sari

el sari

Chusta na głowę

el pañuelo para la cabeza

Turban

el turbante

Burka

la burka

Kaftan

el caftán

Abaya

la abaya

Strój kąpielowy

el traje de baño

Kąpielówki

el short de baño

Krótkie spodnie

los shorts

Dres sportowy

el jogging

Fartuch

el delantal

Rękawiczki

los guantes

Guzik

el botón

Okulary

los anteojos

Bransoletka

la pulsera

Łańcuszek

el collar

Pierścionek

el anillo

Kolczyk

el aro

Czapka

la gorra

Wieszak

la percha

Kapelusz

el sombrero

Krawat

la corbata

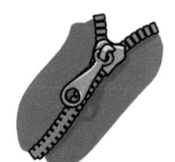

Zamek błyskawiczny

el cierre

Kask

el casco

Szelki

los tiradores

Mundurek szkolny

el uniforme escolar

Mundur

el uniforme

Śliniaczek

el babero

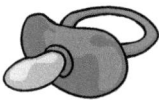

Smoczek

el chupete

Pieluszka

el pañal

Biuro
la oficina

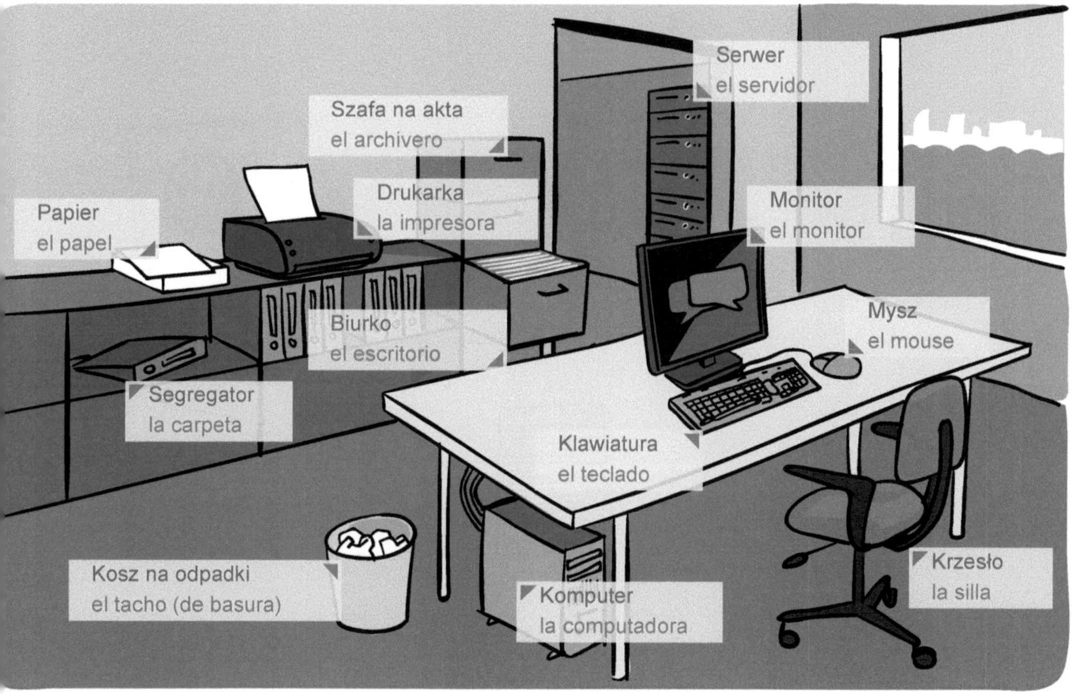

Serwer
el servidor

Szafa na akta
el archivero

Drukarka
la impresora

Papier
el papel

Monitor
el monitor

Biurko
el escritorio

Mysz
el mouse

Segregator
la carpeta

Klawiatura
el teclado

Kosz na odpadki
el tacho (de basura)

Krzesło
la silla

Komputer
la computadora

Filiżanka do kawy

la taza de café

Kalkulator

la calculadora

Internet

el internet

Laptop

la laptop

List

la carta

Wiadomość

el mensaje

Komórka

el celular

Sieć

la red

Kopiarka

la fotocopiadora

Oprogramowanie

el software

Telefon

el teléfono

Gniazdko

el tomacorriente

Faks

el fax

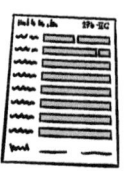

Formularz

el formulario

Dokument

el documento

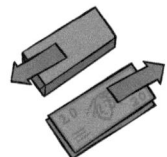

kupić

comprar

płacić

pagar

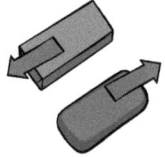

postępować

hacer negocios

Pieniądze

el dinero

Dolar

el dólar

Euro

el euro

Jen

el yen

Rubel

el rublo

Frank

el franco suizo

Juan Renminbi

el yuan

Rupia

la rupia

Bankomat

el cajero automático

Kantor wymiany walut

la casa de cambio

Złoto

el oro

Srebro

la plata

Olej

el petróleo

Energia

la energía

Cena

el precio

Umowa

el contrato

Podatek

el impuesto

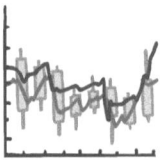

Akcja

la acción

pracować

trabajar

Pracownik umysłowy

el empleado

Pracodawca

el empleador

Fabryka

la fábrica

Sklep

el negocio

Zawody
las ocupaciones

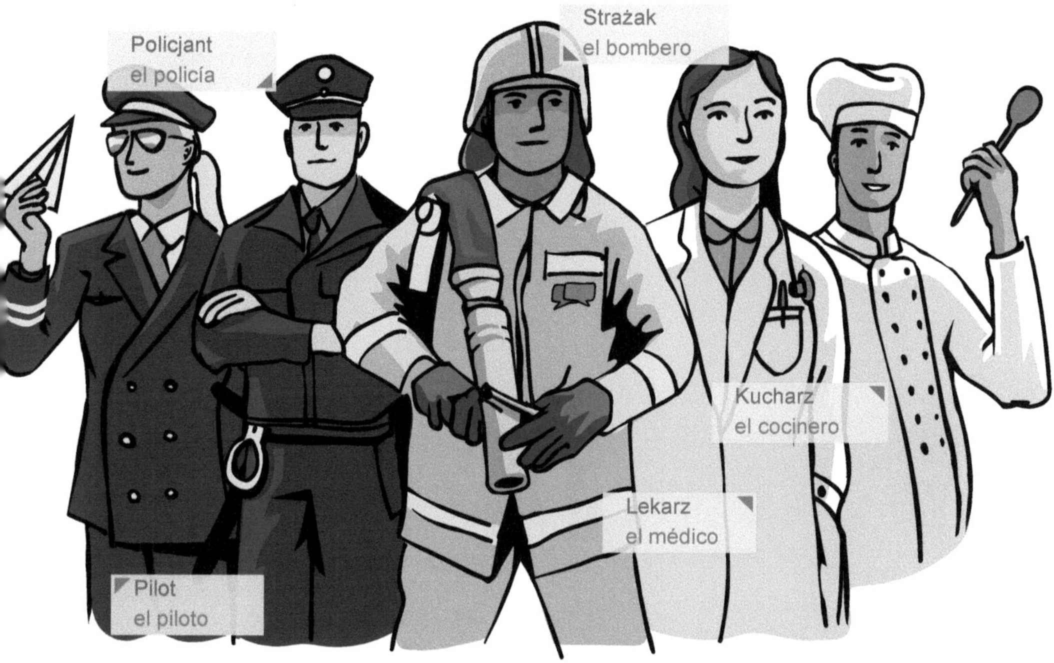
Policjant
el policía
Strażak
el bombero
Kucharz
el cocinero
Lekarz
el médico
Pilot
el piloto

Ogrodnik

el jardinero

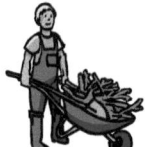

Stolarz

el carpintero

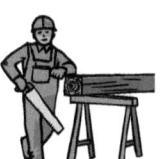

Krawcowa

la modista

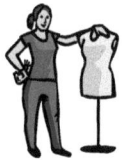

Sędzia

el juez

Chemik

el farmacéutico

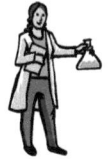

Aktor

el actor

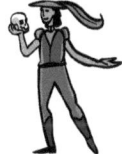

Kierowca autobusu

el colectivero

Taksówkarz

el taxista

Fischer

el pescador

Sprzątaczka

la mucama

Dekarz

el techista

Kelner

el mozo

Myśliwy

el cazador

Malarz

el pintor

Piekarz

el panadero

Elektryk

el electricista

Robotnik budowlany

el albañil

Inżynier

el ingeniero

Rzeźnik

el carnicero

Instalator

el plomero

Listonosz

el cartero

Żołnierz

el soldado

Architekt

el arquitecto

Kasjer

el cajero

Florysta

el florista

Fryzjer

el peluquero

Konduktor

el cobrador

Mechanik

el mecánico

Kapitan

el capitán

Dentysta

el dentista

Naukowiec

el científico

Rabin

el rabino

Imam

el imán

Mnich

el monje

Proboszcz

el sacerdote

Narzędzia
las herramientas

Szczypce
la tenaza
Młotek
el martillo
Wkrętak
el destornillador
Latarka
la linterna
Klucz do śrub
la llave

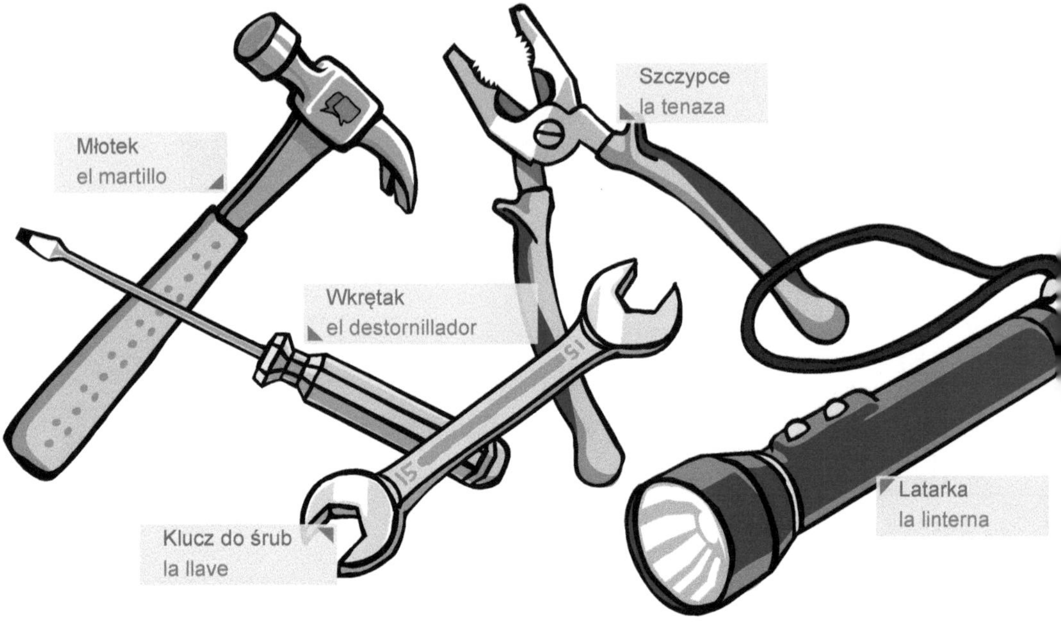

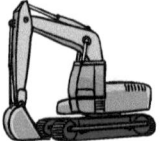

Koparka

la excavadora

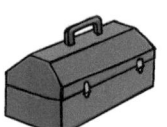

Skrzynka narzędziowa

la caja de herramientas

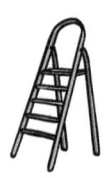

Drabina

la escalera portátil

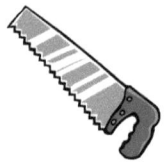

Piła

la sierra

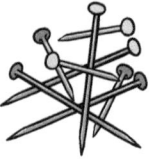

Gwoździe

los clavos

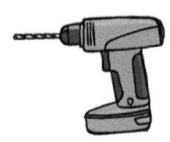

Wiertło

el taladro

naprawić
....
arreglar

Łopatka
....
la pala de jardín

Cholera!
....
¡Qué bronca!

Szufelka
....
la pala de plástico

Puszka z farbą
....
el tacho de pintura

Śruby
....
los tornillos

Instrumenty muzyczne
los instrumentos musicales

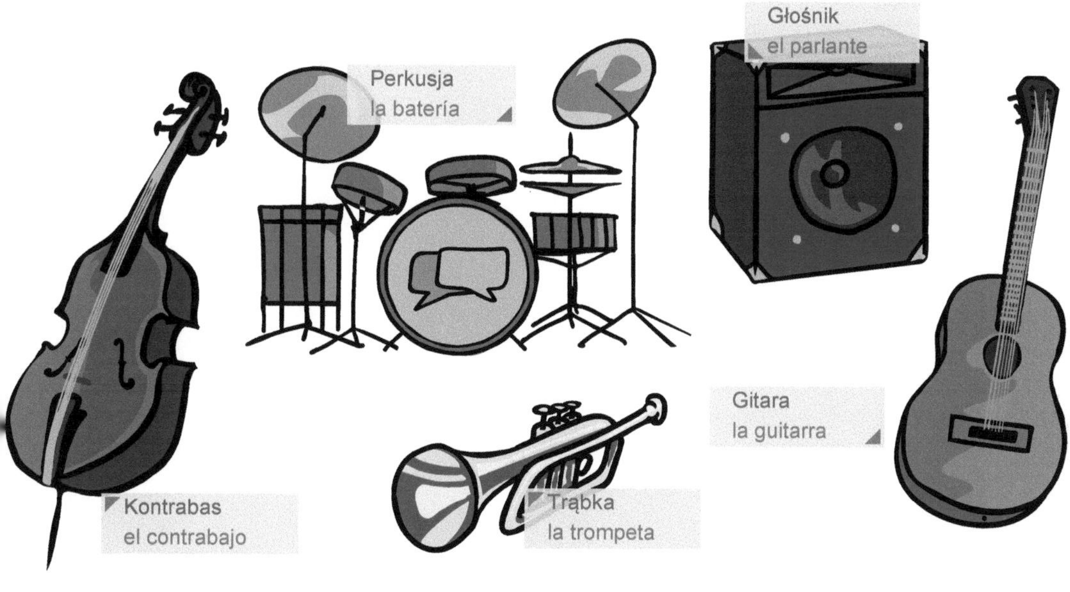

Perkusja
la batería

Głośnik
el parlante

Kontrabas
el contrabajo

Trąbka
la trompeta

Gitara
la guitarra

Pianino

el piano

Skrzypce

el violín

Bas

el bajo

Kotły

los timbales

Bęben

el tambor

Keyboard

el teclado

Saksofon

el saxofón

Flet

la flauta

Mikrofon

el micrófono

Zoo
el zoológico

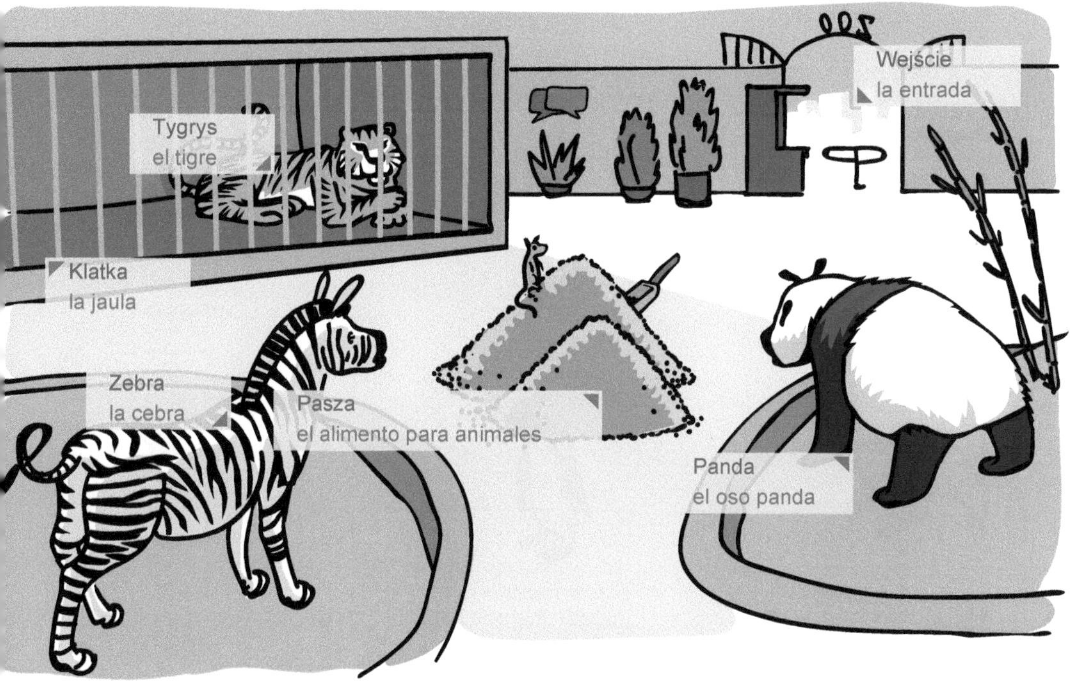

Tygrys
el tigre
Wejście
la entrada
Klatka
la jaula
Zebra
la cebra
Pasza
el alimento para animales
Panda
el oso panda

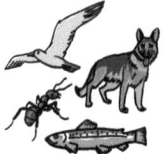

Zwierzęta

los animales

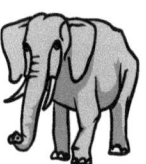

Słoń

el elefante

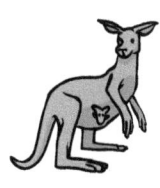

Kangur

el canguro

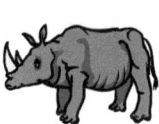

Nosorożec

el rinoceronte

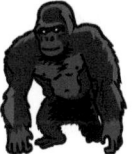

Goryl

el gorila

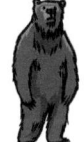

Niedźwiedź

el oso

Wielbłąd

el camello

Struś

el avestruz

Lew

el león

Małpa

el mono

Fleming

el flamenco

Papuga

el loro

Niedźwiedź polarny

el oso polar

Pingwin

el pingüino

Rekin

el tiburón

Paw

el pavo real

Wąż

la serpiente

Krokodyl

el cocodrilo

Dozorca w zoo

el cuidador del zoológico

Foka

la foca

Jaguar

el jaguar

Kucyk

el poni

Gepard

el leopardo

Hipopotam

el hipopótamo

Żyrafa

la jirafa

Orzeł

el águila

Dzik

el jabalí

Ryba

el pescado

Żółw

la tortuga

Mors

la morsa

Lis

el zorro

Gazela

la gacela

Futbol amerykański
el fútbol americano

Kolarstwo
el ciclismo

Tenis
el tenis

Koszykówka
el básquet

Pływanie
la natación

Boks
el boxeo

Hokej na lodzie
el hockey sobre hielo

Piłka nożna
el fútbol

Badminton
el bádminton

Lekka atletyka
el atletismo

Piłka ręczna
el handball

Narciarstwo
el esquí

Polo
el polo

Działania
las actividades

śmiać się
reír
skakać
saltar
objąć
abrazar
iść
caminar
śpiewać
cantar
marzyć
soñar
modlić się
rezar
całować
besar

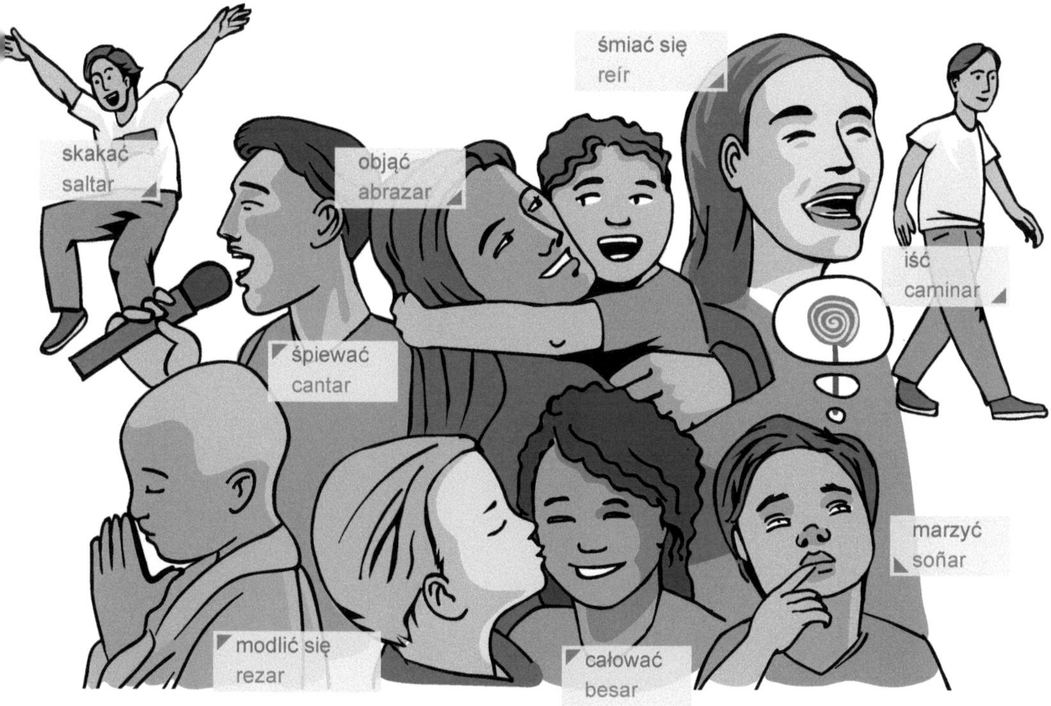

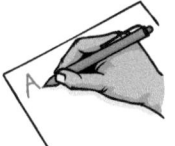

pisać
escribir

rysować
dibujar

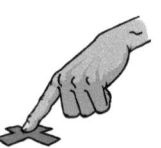

pokazywać
mostrar

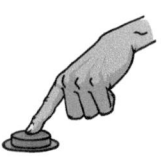

nacisnąć
presionar

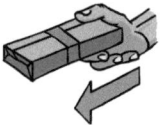

dać
dar

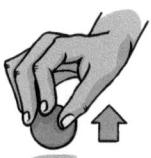

wziąć
tomar

mieć

tener

robić

hacer

być

ser

stać

estar parado

biegać

correr

ciągnąć

tirar

rzucać

tirar

spaść

caer

leżeć

estar acostado

czekać

esperar

nosić

llevar

siedzieć

estar sentado

zakładać

vestirse

spać

dormir

budzić się

despertar

spojrzeć

mirar

płakać

llorar

głaskać

acariciar

czesać się

peinar

mówić

hablar

rozumieć

entender

pytać

preguntar

słyszeć

escuchar

pić

beber

jeść

comer

sprzątać

ordenar

kochać

amar

gotować

cocinar

jechać

manejar

latać

volar

żeglować

navegar

liczyć

calcular

czytać

leer

uczyć się

aprender

pracować

trabajar

wejść w związek małżeński

casarse

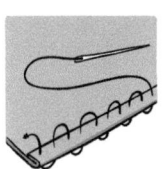

szyć

coser

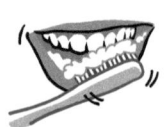

myć zęby

cepillarse los dientes

zabić

matar

palić tytoń

fumar

wysłać

enviar

Rodzina
la familia

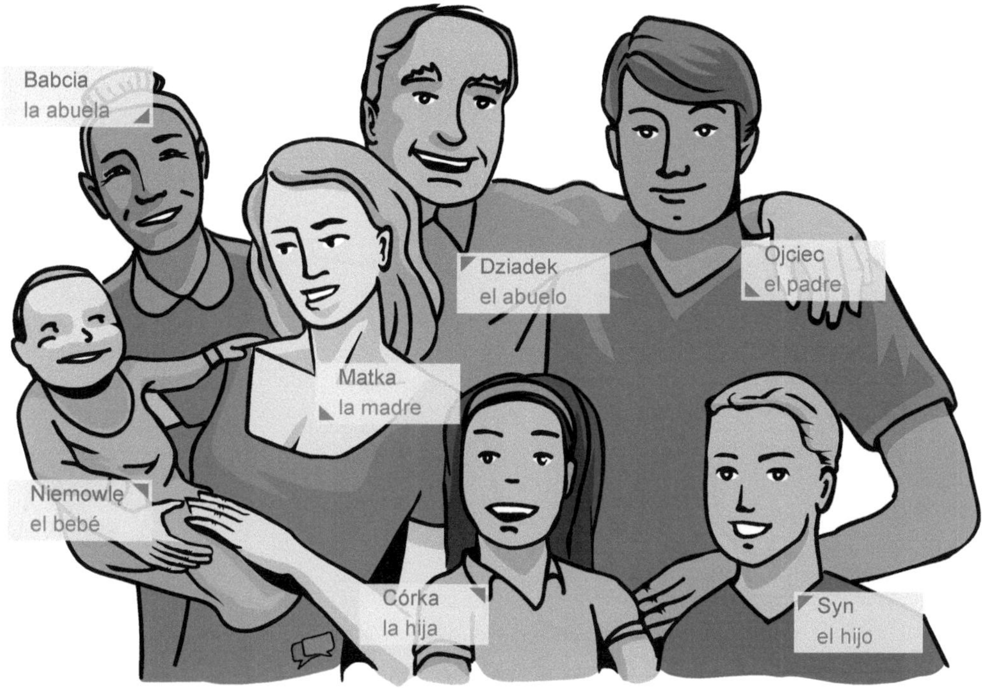

Babcia
la abuela
Dziadek
el abuelo
Ojciec
el padre
Matka
la madre
Niemowlę
el bebé
Córka
la hija
Syn
el hijo

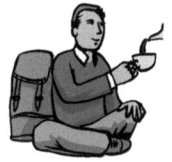

Gość
el invitado

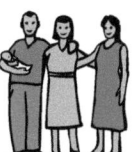

Ciotka
la tía

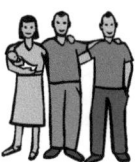

Wujek
el tío

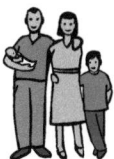

Brat
el hermano

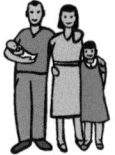

Siostra
la hermana

Ciało

el cuerpo

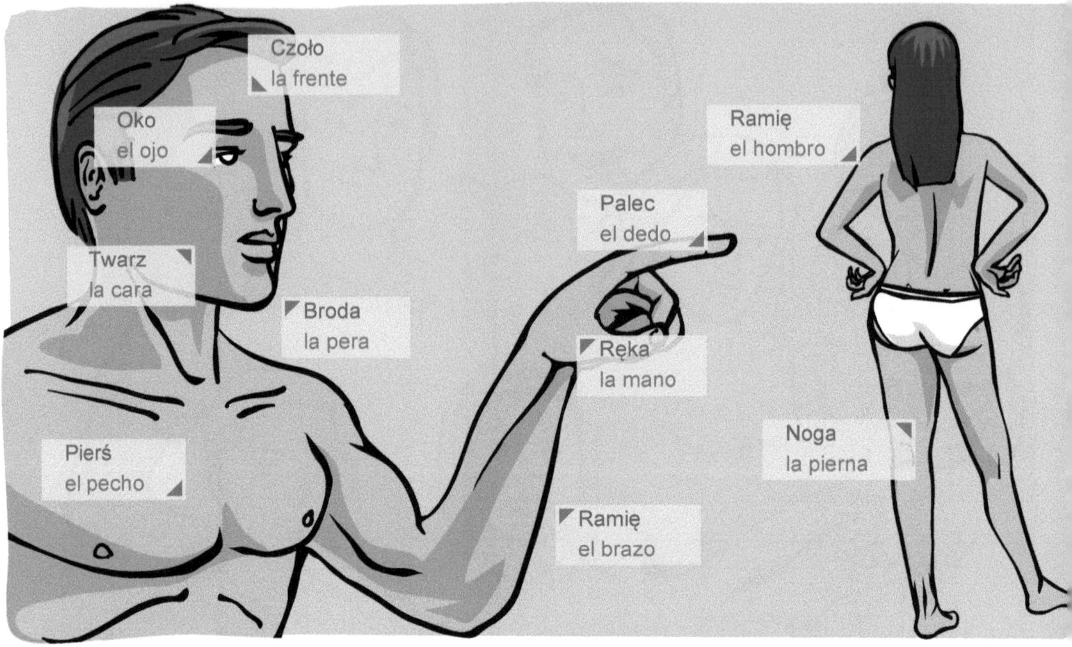

Czoło
la frente

Oko
el ojo

Ramię
el hombro

Palec
el dedo

Twarz
la cara

Broda
la pera

Ręka
la mano

Pierś
el pecho

Noga
la pierna

Ramię
el brazo

Niemowlę

el bebé

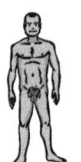

Mężczyzna

el hombre

Kobieta

la mujer

Dziewczyna

la nena

Chłopiec

el nene

Głowa

la cabeza

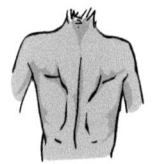

Plecy

la espalda

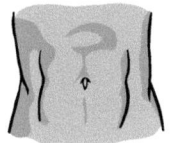

Brzuch

la panza

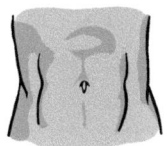

Pępek

el ombligo

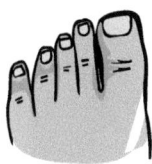

palec nogi

el dedo del pie

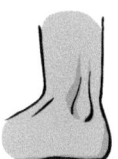

Pięta

el talón

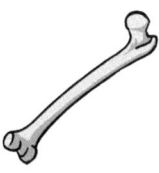

Kość

el hueso

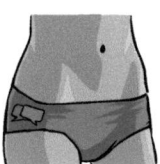

Biodro

la cadera

Kolano

la rodilla

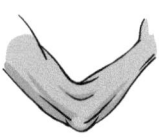

Łokieć

el codo

Nos

la nariz

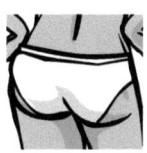

Pośladki

la cola

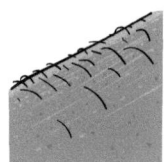

Skóra

la piel

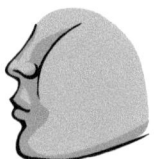

Policzek

el cachete

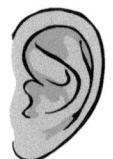

Uszy

la oreja

Warga

el labio

Usta

la boca

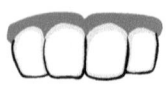

Ząb

el diente

Język

la lengua

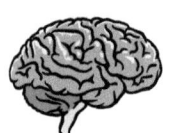

Mózg

el cerebro

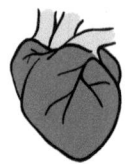

Serce

el corazón

Mięsień

el músculo

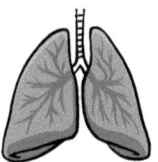

Płuca

el pulmón

Wątroba

el hígado

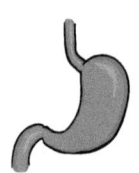

Żołądek

el estómago

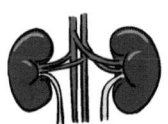

Nerki

los riñones

Stosunek płciowy

el sexo

Kondom

el preservativo

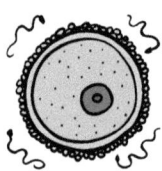

Komórka jajowa

el óvulo

Sperma

el semen

Ciąża

el embarazo

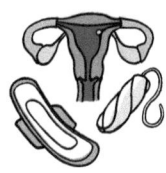

Menstruacja

la menstruación

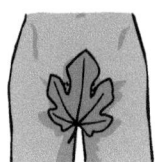

Wagina

la vagina

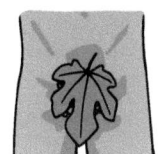

Penis

el pene

Brew

la ceja

Włosy

el pelo

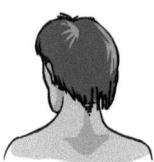

Szyja

el cuello

Szpital
el hospital

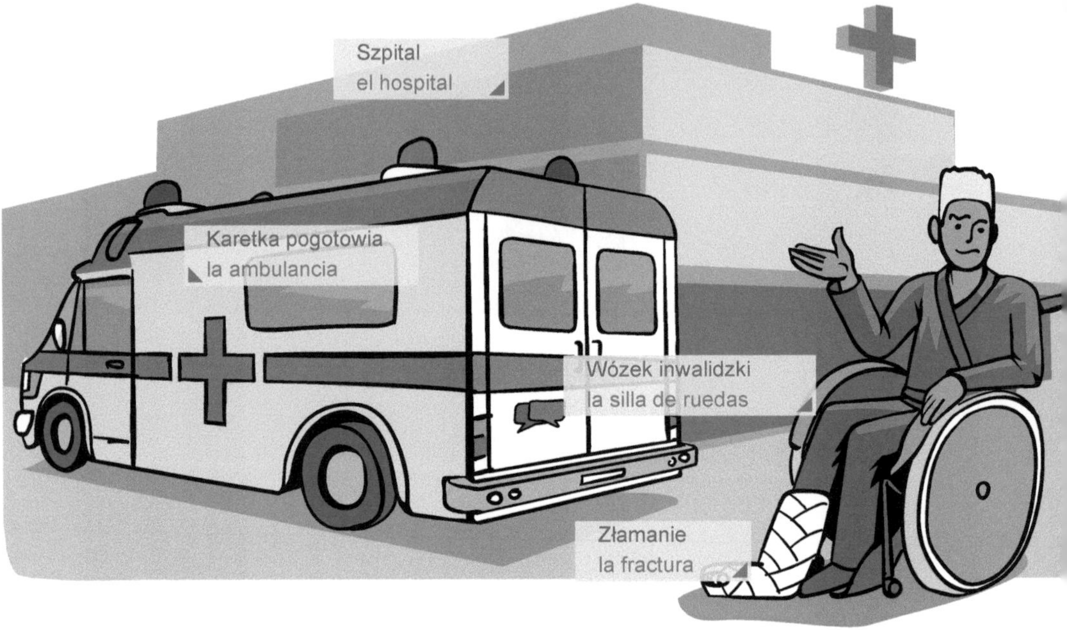

Szpital
el hospital
Karetka pogotowia
la ambulancia
Wózek inwalidzki
la silla de ruedas
Złamanie
la fractura

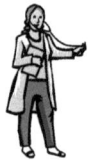

Lekarz

el médico

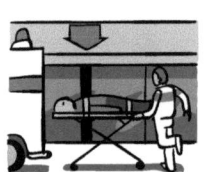

Izba przyjęć

la sala de guardia

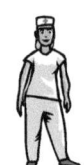

Pielęgniarka

la enfermera

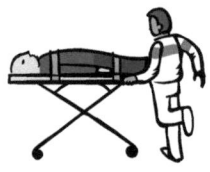

Nagły przypadek

la emergencia

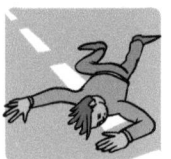

nieprzytomny

inconsciente

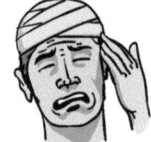

Ból

el dolor

Skaleczenie

la lesión

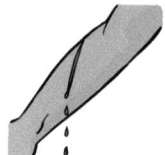

Krwawienie

la hemorragia

Zawał serca

el infarto

Udar mózgu

el ACV

Alergia

la alergia

Kaszleć

la tos

Gorączka

la fiebre

Grypa

la gripe

Biegunka

la diarrea

Ból głowy

el dolor de cabeza

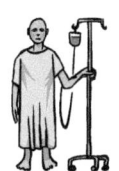

Rak

el cáncer

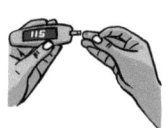

Cukrzyca

la diabetes

Chirurg

el cirujano

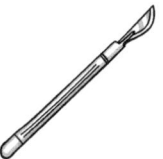

Skalpel

el bisturí

Operacja

la operación

CT
la TC

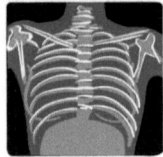

Rentgen
los rayos x

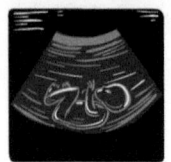

Ultradźwięki
la ecografía

Maska
el barbijo

Choroba
la enfermedad

Poczekalnia
la sala de espera

Kula
la muleta

Plaster
la curita

Opatrunek
la venda

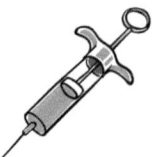

Iniekcja
la inyección

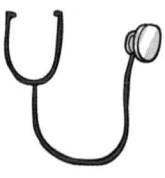

Stetoskop
el estetoscopio

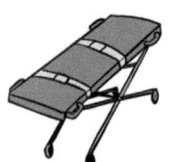

Nosze
la camilla

Termometr
el termómetro

Poród
el nacimiento

Nadwaga
el sobrepeso

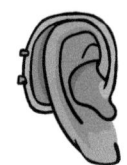

Aparat słuchowy

el audífono

Środek dezynfekcyjny

el desinfectante

Infekcja

la infección

Wirus

el virus

HIV / AIDS

el VIH / SIDA

Medycyna

el remedio

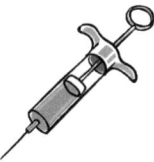

Szczepienie

la vacunación

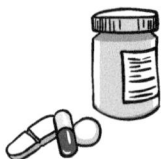

Tabletki

los comprimidos

Pigułka

la pastilla anticonceptiva

Telefon ratunkowy

la llamada de emergencia

Ciśnieniomierz krwi

el tensiómetro

chory / zdrowy

enfermo / sano

Pomocy!

¡Ayuda!

Alarm

la alarma

Napad

la agresión

Atak

el ataque

Niebezpieczeństwo

el peligro

Wyjście awaryjne

la salida de emergencia

Pożar!

¡Fuego!

Gaśnica

el matafuego

Wypadek

el accidente

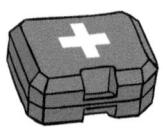

Walizeczka pierwszej
pomocy

el botiquín de primeros
auxilios

SOS

el SOS

Policja

la policía

Europa

Europa

Ameryka Północna

América del Norte

Ameryka Południowa

América del Sur

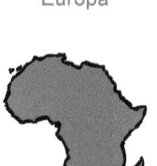

Afryka

África

Azja

Asia

Australia

Australia

Atlantyk

el Atlántico

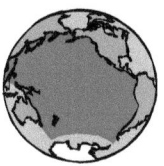

Pacyfik

el Pacífico

Ocean Indyjski

el Océano Índico

Ocean Antarktyczny

el Océano Antártico

Ocean Arktyczny

el Océano Ártico

Biegun północny

el polo norte

Biegun południowy

el polo sur

Antarktyda

la Antártida

Ziemia

la Tierra

Kraj

la tierra

Morze

el mar

Wyspa

la isla

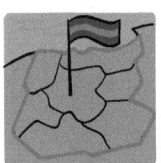

Naród

la nación

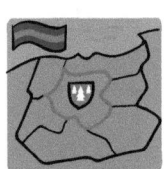

Państwo

el estado

Cyferblat

la esfera

Wskazówka godzinowa

la manecilla de las horas

Wskazówka minutowa

el minutero

Wskazówka sekundowa

el segundero

Która godzina?

¿Qué hora es?

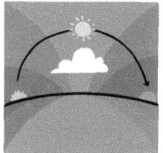

Dzień

el día

Czas

la hora

teraz

ahora

Zegarek digitalny

el reloj digital

Minuta

el minuto

Godzina

la hora

Tydzień
la semana

Poniedziałek / lunes — MO
Wtorek / martes — TU
Środa / miércoles — W
Czwartek / jueves — TH
Piątek / viernes — FR
Sobota / sábado — SA
Niedziela / domingo — SO

wczoraj
....
ayer

dzisiaj
....
hoy

jutro
....
mañana

Rano
....
la mañana

Południe
....
el mediodía

Wieczór
....
la tarde

MO	TU	WE	TH	FR	SA	SU
1	2	3	4	5	6	7
8	9	10	11	12	13	14
15	16	17	18	19	20	21
22	23	24	25	26	27	28
29	30	31	1	2	3	4

Dni robocze
....
los días hábiles

MO	TU	WE	TH	FR	SA	SU
1	2	3	4	5	6	7
8	9	10	11	12	13	14
15	16	17	18	19	20	21
22	23	24	25	26	27	28
29	30	31	1	2	3	4

Weekend
....
el fin de semana

Rok
el año

Tęcza
el arco iris
Deszcz
la lluvia
Śnieg
la nieve
Wiatr
el viento
Wiosna
la primavera
Jesień
el otoño
Lato
el verano
Zima
el invierno

4.APRIL 11°
5.APRIL 4°
6.APRIL 13°
7.APRIL 8°
8.APRIL 10°

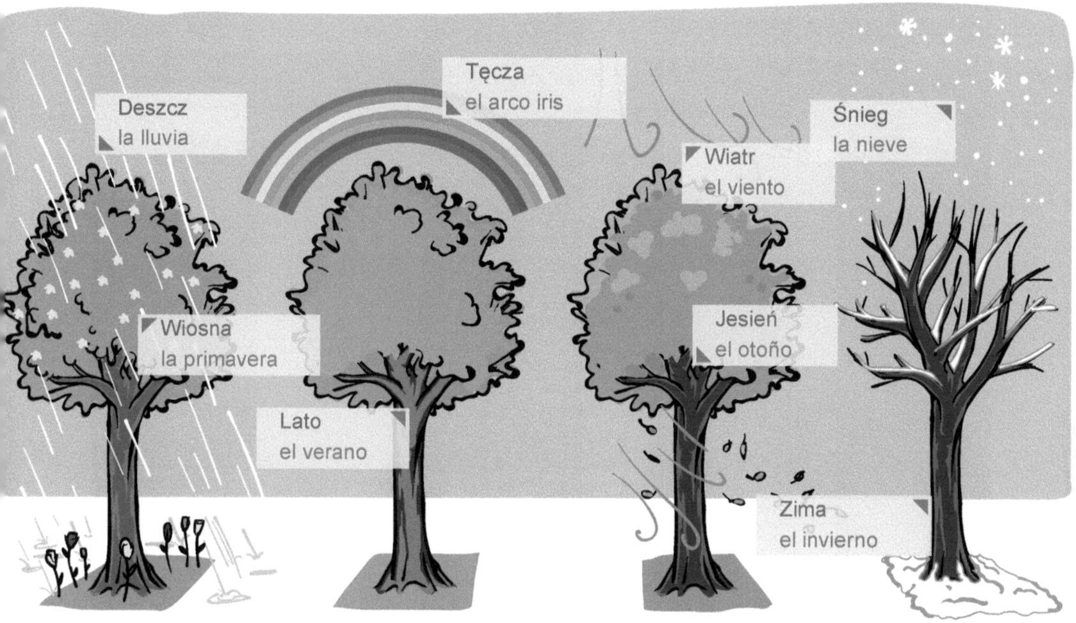

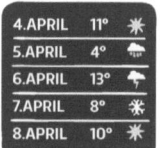

Prognoza pogody
....
el pronóstico meteorológico

F
C
120
90
60
30
0
-30
40
30
20
10
0
-10
-20

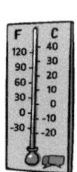

Termometr
....
el termómetro

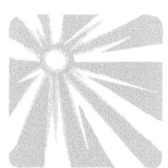

Światło słoneczne
....
la luz del sol

Chmura
....
la nube

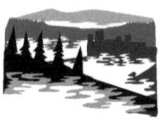

Mgła
....
la niebla

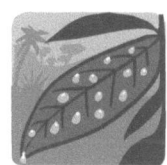

Wilgotność powietrza
....
la humedad

Błyskawica

el rayo

Grzmot

el trueno

Sztorm

la tormenta

Grad

el granizo

Monsun

el monzón

Potop

la inundación

Lód

el hielo

Styczeń

enero

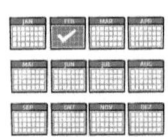

Luty

febrero

Marzec

marzo

Kwiecień

abril

Maj

mayo

Czerwiec

junio

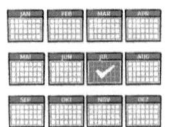

Lipiec

julio

Sierpień

agosto

Wrzesień
....
septiembre

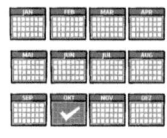

Październik
....
octubre

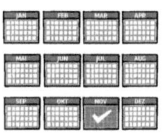

Listopad
....
noviembre

Grudzień
....
diciembre

Kształty
las formas

Koło
....
el círculo

Kwadrat
....
el cuadrado

Prostokąt
....
el rectángulo

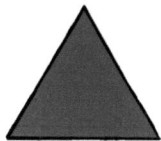

Trójkąt
....
el triángulo

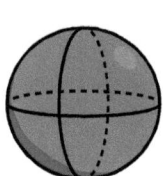

Kula
....
la esfera

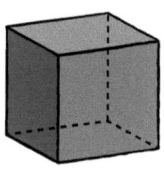

Sześcian
....
el cubo

Kolory

colores

biały
....
blanco

żółty
....
amarillo

pomarańczowy
....
naranja

różowy
....
rosa

czerwony
....
rojo

liliowy
....
violeta

niebieski
....
azul

zielony
....
verde

brązowy
....
marrón

szary
....
gris

czarny
....
negro

dużo / mało

mucho / poco

wściekły / spokojny

enojado / tranquilo

piękny / brzydki

lindo / feo

początek / koniec

el principio / el fin

duży / mały

grande / chico

jasny / ciemny

claro / oscuro

brat / siostra

el hermano / la hermana

czysty / brudny

limpio / sucio

kompletny / niekompletny

completo / incompleto

dzień / noc

el día / la noche

umarły / żywy

muerto / vivo

szeroki / wąski

ancho / angosto

jadalny / niejadalny
....
comestible / no comestible

zły / uprzejmy
....
malo / amable

podniecony / znudzony
....
entusiasmado / aburrido

gruby / chudy
....
gordo / flaco

najpierw / na końcu
....
primero / último

przyjaciel / wróg
....
el amigo / el enemigo

pełen / pusty
....
lleno / vacío

twardy / miękki
....
duro / blando

ciężki / lekki
....
pesado / liviano

głód / pragnienie
....
el hambre / la sed

chory / zdrowy
....
enfermo / sano

nielegalny / legalny
....
ilegal / legal

inteligentny / głupi
....
inteligente / estúpido

lewo / prawo
....
izquierda / derecha

bliski / daleki
....
cerca / lejos

nowy / używany

nuevo / usado

nic / coś

nada / algo

stary / młody

viejo / joven

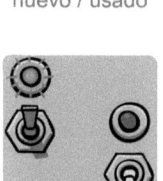

włącz / wyłącz

encendido / apagado

otwarty / zamknięty

abierto / cerrado

cichy / głośny

silencioso / ruidoso

bogaty / biedny

rico / pobre

prawidłowy / błędny

correcto / incorrecto

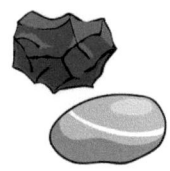

chropowaty / gładki

áspero / suave

smutny / szczęśliwy

triste / contento

krótki / długi

corto / largo

powolny / szybki

lento / rápido

mokry/suchy

mojado / seco

ciepły / chłodny

caliente / frío

wojna / pokój

guerra / paz

0

zero

cero

1

jeden

uno

2

dwa

dos

3

trzy

tres

4

cztery

cuatro

5

pięć

cinco

6

sześć

seis

7

siedem

siete

8

osiem

ocho

9

dziewięć

nueve

10

dziesięć

diez

11

jedenaście

once

12

dwanaście

doce

13

trzynaście

trece

14

czternaście

catorce

15

piętnaście

quince

16

szesnaście

dieciséis

17

siedemnaście

diecisiete

18

osiemnaście

dieciocho

19

dziewiętnaście

diecinueve

20

dwadzieścia

veinte

100

sto

cien

1.000

tysiąc

mil

1.000.000

milion

el millón

Języki

los idiomas

Angielski

el inglés

Angielski amerykański

el inglés americano

Chiński mandaryński

el chino mandarín

Hindi

el hindi

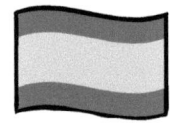

Hiszpański

el español

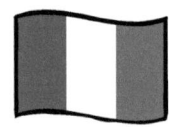

Francuski

el francés

Arabski

el árabe

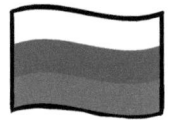

Rosyjski

el ruso

Portugalski

el portugués

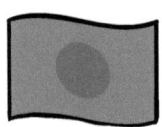

Bengalski

el bengalí

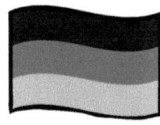

Niemiecki

el alemán

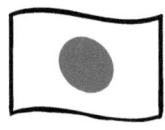

Japoński

el japonés

ja

yo

ty

vos

on / ona / ono

él / ella

my

nosotros

wy

ustedes

oni

ellos

kto?

¿quién?

co?

¿qué?

jak?

¿cómo?

gdzie?

¿dónde?

kiedy?

¿cuándo?

Nazwisko

el nombre

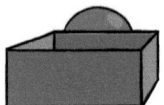

za
....
detrás

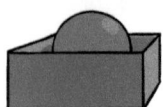

w
....
en

przed
....
adelante de

powyżej
....
por encima de

na
....
sobre

pod
....
debajo de

obok
....
al lado de

między
....
entre

Miejsce
....
el lugar